642 THINGS ABOUT YOU （THAT I LOVE）

642件
可写的事

关于你的一切

后浪出版公司

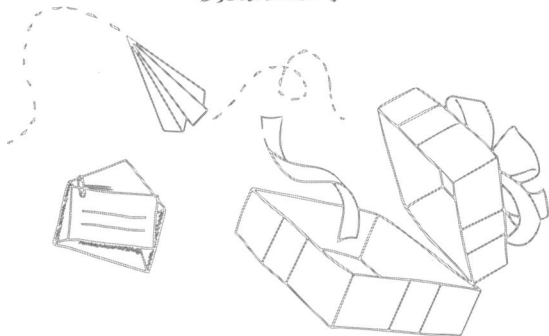

San Francisco
Writers' Grotto

美国旧金山写作社 ｜ 著　　吴天骄 ｜ 译　　　　四川文艺出版社

我是怎样地爱你？让我逐一细数……

诗人伊丽莎白·巴雷特·勃朗宁在著名的《勃朗宁夫人十四行诗》中只数出了七种爱的方式。在旧金山写作社，我们不禁想到还有更多方式。确切地说，至少有642种。

这里有本小书，为你真诚的心开列了清单。当你赞美一个特别的人的特别之处时，思考并完成这642个条目，你会同时呈现出爱人和作家的一面。写下你的见解后，你可以把本书作为独特的纪念品送给那个特别的人。

探索、阐述、分享和享受。

贾森·罗伯茨
美国旧金山写作社

我是怎么意识到自己是真心喜欢你的？

我是怎么意识到你也喜欢我的？

如果我们的恋情有个吉祥物，
那就是……

如果我们的恋情有首主题曲，
那就是……

如果我们的恋情有个标志，
那就是……

如果我们的恋情有个秘密代号，
那就是……

如果你只能学会一种舞蹈，
那就是……

如果不得不冒用身份，
你可能会取名为……

如果你参加了游戏竞赛节目，
我对你的介绍会是……

如果你继承了一个农场，
你会想种植……

在未经要求的情况下, 你做过的最贴心的事。

你告知我残酷的事情时，所用的最温柔的方式是什么？

你从不逼迫我去做的事。

你总是鼓励我去做的事。

你在公共场合会叫我的可爱昵称。

你私底下叫我的另一个昵称。

相恋以来,你尝试过的各种昵称。

有三次你一直等到时机成熟才……

你已经三次半改变了我对某件事的看法（之所以说半次，是因为最后一次我仍然没被完全说服）。

如果你在城市里迷路了，我去找你的第一个地方就是……

_____

_____

_____

如果你在森林里迷路了，我会发现你正在……

_____

_____

_____

如果你在主题公园迷路了，我会直接去……

_____

_____

_____

如果我中了彩票，我会给你什么?

_____

_____

_____

_____

如果你中了彩票，你会怎么做?

_____

_____

_____

_____

属于我们俩的第一个笑话——只有我们俩觉得好笑的笑话。

那一次，你说服我放下怨恨。

我对你的第一印象。

我做错的事情。

我做对的事情。

你讲的那个可笑的笑话。

那个笑话挺可笑。你想讲，却把笑点全都说错了。

第一次见到我的一个朋友时,你表现如何?

第一次带你去见我父母时,你所说的话。

能衬托出你双眸的穿着打扮。

让你看起来魅力四射的穿着打扮。

当你想要舒适惬意时的穿着打扮。

我有多喜欢描绘你：用言语画像。

如果把我们的恋情拍成电影，

我们将由以下人员饰演……

这部电影的名字就叫……

它的经典台词会是……

这部电影的分级会是……

那次你一句话也没说，就让我感觉好多了。

你容许自己变得脆弱的三种方式。

在孩子身边，你的行为方式是……

在老人身边，你的行为方式是……

在怪人身边，你的行为方式是……

如果我把你独自留在一个只有铅笔和纸的房间里，三个小时后你就会……

这三个价值观显然是你从你父亲那里学来的。

你的这三个价值观的形成可能与你母亲对你的影响有关。

如果把我们的恋情写成一本书,你会在书店的哪个区域找到它?

以下是该书前七章的名称。

倘若我们把这一章从书里删掉,可能会更好。

你不顾一切坚持要做的事。

尽管困难重重，你还是要继续做的事。

你轻声唤醒我，在我耳边低语的内容。

当我做噩梦的时候，你在我耳边低语的内容。

当我打呼而你想让我翻身的时候，在我耳边低声说的话。

如果你生活在一百年前，你的职业会是……

我是怎么知道你在专心做事的？

我是怎么知道你在开小差的？

当我们分开时，我最想念的事。

我很惊讶，当我们分开时我会想起某件事。

当我们分开时，我经常做的事。

你是如何耐心倾听的?

你是如何让我耐心倾听的?

你是如何表现出没兴趣知道某件事的?

你已经记住的东西。

你怎么从没抱怨过, 关于……   你是怎么保持冷静的, 当……

你是如何做到永不放弃的,   你是怎么原谅我的,

　　关于……   当我……

你总是丢失的东西。

你永远不会丢失的东西。

你对朋友们表示忠诚的三种方式。

_____

_____

_____

_____

_____

_____

_____

_____

_____

_____

_____

你一旦开始做就停不下来的事。　　　你喝醉的时候是什么样子？

你淋浴时最爱唱的歌。　　　　　　　你做得最心不在焉的事。

我那傻乎乎的习惯,你加以嘲笑
却暗自喜欢。

在你身边醒来,我感觉如何?

我最喜欢听的关于你小时候的
故事。

你记得我曾经……

我知道你再也不会做的四件事。

我见过你最平静的时候，是在……

你在这个方面是专家。

你对这件事一无所知。

关于某件事，你想了解更多。

你潇洒的反击。

你潇洒的反击来得太迟了（但你到底还是跟我分享了）。

你最善意的谎言。

你最令人印象深刻的理性。

如果我怀疑你变成了机器人，我会用以下方法来证实那个机器人就是你。

我永远不会在你的冰箱里找到……

你的冰箱里似乎永远不会缺少……

据我所知，可以的话，你会在这三件事上改变自己。

据我所知，你会让我在这三件事上改变自己（但绝不会提）。

如果你只能选择一种放纵方式，那就是……

如果你只能批判一种放纵方式，那就是……

对你最喜欢的物品进行描述。

你最喜欢的天气预报。

旅游指南中对你最喜欢的地方的描述。

赞美成就你的一切。

你最喜欢坐在其下的那棵树。　　　　　你仍然相信……

有时, 我在你的脸上会发现……　　　　你弹空气吉他的样子。

有一次, 你拒绝让别人替你说话。

你总是在雪地里做的四件事。

你总是在雨中做的两件事。

你总是在阳光下做的两件事。

我知道你从这四件事中获得了满足感。

关于你的专辑，我会为其写下这样的封套说明文字。

我会为你写一首说唱歌曲，歌词如下:

我随心所欲[1]，为你写了一首鲍勃·迪伦的歌。

1　原文用词是freewheelin'，鲍勃·迪伦有张专辑叫《放任自流的鲍勃·迪伦》
（The Freewheelin' Bob Dylan）。

我可以把你脸上的雀斑连成一个星座!我会把它叫作……

你是如何容忍我突如其来的热情的，包括……

我是怎么知道你有秘密的？　　　　　　　你是怎么对这件事

　　　　　　　　　　　　　　　　　　　　　视而不见的？

你怎样的表现会让我无法再生　　　　　什么事让你忍不住皱鼻子？

你的气？

你在这三个方面很有天赋。

这个技能看似毫不费力，实则是你努力学习才获得的。

你表现决心的方式。

你表达感激的方式。

你表现热情的方式。

当你微笑时, 你的眼神是什么样的?

我总是听别人提起的关于你的事。

你在这个方面很聪明。

你总是有时间做的事情。

你永远没时间做的事情。

你对我说过的那件事，以后再也不用提了。

你所说的三件事，我希望你能一直说下去。

如果我俩在五岁的时候相遇，你可能会……

当你想咒骂却不能的时候，你用的词是……

你衣橱里多余的衣服。

你放开我的手之前做的那件事。

因为我不能_____，所以你为我做的那件事。

因为我不会_____，所以你为我做的那件事。

在这三个方面，你还是个孩子。

在这三个方面，你有着超过同龄人的智慧。

如果在只属于我们俩的星球上共同生活，描述一下会是什么情景。

当_____的时候，你是如何坚强面对的？

当_____的时候，你是如何让我坚强面对的？

如果你给我准备了一份午餐，想让我睹物思人，那其中就会有……

我知道我可以把这三样东西交给你保管。

你可能最擅长模仿的历史人物是⋯⋯

我最容易想到你说的外语是什么，为什么？

给你画幅最简单的人物漫画，里面可能只有⋯⋯

你唯一不能忍受失去的东西是……

你让我赢的时候。

当我第一次看到你的房子时，我的想法。

当你第一次看到我的房子时，我的想法。

我第一次因为担心你的反应而不敢告诉你某件事，是在什么时候？

你是如何反应的？

关于那件事你本可以愤世嫉俗，但你没有。

你瞒着我的那件事（但真的不需要隐瞒）。

你不愿意讨论的事情（但不管怎样，还是讨论了）。

当我得知我给了你一份完美的礼物时……

当你给了我一份完美的礼物时……

在这四个方面，我觉得你的判断力和品位胜过我。

你让我以为我能逃脱惩罚的那件事。

在你向我指出之前，我都不知道关于自己的那件事。

当你想让我别把自己太当回事时，你会怎么做？

当我无法_____的时候，你为我做出的选择。

我无法想象那六个词会从你嘴里说出来。

如果你是柴郡猫[1]，你最后消失的那部分会是……

你总是出于格调而非必要性的考虑而做的事。

1　《爱丽丝漫游奇境》中咧嘴笑的猫，拥有凭空出现或消失的能力。

如果我们融合成一个人，那个人会……

你展示聪明才智的三种方式。　　　　最能体现你个性的表情符号。

你知道该怎么做这件事，　　　　　那一次，你读懂了我的心思。
但我不知道。

如果你是广播电视节目的负责人,下面是你会恢复的节目(以及你会如何改进它们)。

如果你有五分钟时间让我感觉好受些，你会……

关于我的两件事，除了你没人知道。

关于你的两件事，除了我没人知道。

你不情愿做,但还是做了的那件好事。

你公开做的那件事,让我至今都有些震惊。

你很清楚这件事,但可能无法解释你的生命是否依赖于它。

那个时候,一开始我以为你在 开玩笑。

你是如何温柔地取笑我的?

你跟我调情的方式,仍然⋯⋯

你有多喜欢⋯⋯

我收到坏消息的时候，你会怎么样？

我收到极好的消息时，你会怎么样？

坦白说出关于我们的趣事，这是我们之间的秘密。

你补偿我的最佳方式。

那一次我们迷路了, 四处寻找……

我们最终到达的那个地方。

当你必须选择一个数字时, 这个数字通常是……

（如果可以）你会一直吃的东西。

最适合你的颜色。

你所眷恋的三件普通物品以及你眷恋它们的原因。

你让我做某件事的方式。

你不让我做某件事的方式。

我最想念你的时候。

那个时候，我特别感激你就在那里。

我们第四次约会的地方。

我了解你的第一件让我大吃一惊的事。

我会这样描述你我吵架的样子。

如果之前我没有做这件事，我就永远不会遇见你。

如果之前你没有做这件事，我们就永远不会在一起。

在这四个方面，你是个（极为）矛盾的人。

你跳舞时让我想起的动物。　　　　　当你跳舞时,你总是……

你在KTV必唱的歌。　　　　　我在人群中认出你的种种方法。

我坚信我们前世见过的原因。　　　那一次，我为你沦陷。

只有你能做到的事情。　　　那时，你很快露出了微笑。

那一次，我目睹了你对自己极为坦诚。

关于你的五件事，我希望能影响到我。

用三个词来描述你的幽默感。

用三个词来概括你的价值体系。

你会做的那道菜，在遇到你之前我都不知道它的存在。

你专门为我学会做的那道菜。

我是怎么看出你饿了的？

如果为你立一座雕像，你会举着什么？

在游行中，你最喜欢的
部分是……

我们最喜欢去的七个街区。

你最喜欢的童书。

乘渡轮时，你最喜欢做的事情。

我确定这是你编的单词表。

我发明了一个新词来形容你，那就是……

你向我展示的夜空。

我从来不知道的那个清洁技巧。

如果我想让你尽快摆脱恐惧，我要做的就是……

那些让你对着电视大喊大叫的
随机事件。

你总是从我盘子里吃掉的那种
食物。

你的各种仪式, 比如⋯⋯

你的双手, 因为⋯⋯

在我表现反常的时候,你是怎么做的?

如果用你的饮食习惯来命名一种饮食，它会被称为……

你逼我走出舒适区的那一招。

在我真的让自己丢脸之后，你让我感觉好多了的方式。

你觉得我有哪三个大多数人都没注意到的优点？

我永远不会厌倦你的什么？   你走路的时候是什么样子？

即使当我们老了，我知道   我是怎么知道你是我的
　　你仍然会……　　　　　　　　　　守护者的？

如果你不想让我太想念你，你就发明一台机器。

那是我看到你表现得最忠诚的时候。

那一次，我以认识你为荣。

我是怎么知道你喜欢我的穿着打扮的?

_____

_____

_____

如果我把发型弄成那样,你会很喜欢。

_____

_____

_____

关于匹配的饰物,你可能会建议……

_____

_____

_____

你拖延的风格是……

_____

_____

_____

我知道当我离开一段时间，你就会沉迷其中的事。

_____

_____

_____

你喜欢做的家务。

_____

_____

_____

我见过你最恐惧的时刻, 是在……

我见过你最激动的时刻, 是在……

你热衷于做什么?

你是如何避免尴尬的?

你从不害怕去尝试……

如果没有遇见你，我绝对不会尝试这六种食物。

你带我去的这五个地方，我以前从没去过。

我们初次见面时，你就猜对了关于我的这三件事。

我睡着的时候, 你……

_____

_____

_____

如果你无意中听到有人在说我坏话, 你会毫不犹豫地……

_____

_____

_____

你给我的第一样东西。

_____

_____

_____

那一次,你故意犯傻。

那一次,你帮我向_____告别。

那一次,你疏通了马桶。

买那件东西时,你是怎么谈成好
价钱的?

你生错了时代。你真的属于那个世纪，原因如下：

那个时候，你对我说"再见"的最可爱的方式是……

我们常开玩笑说

会给孩子们起的名字。

你最酷的派对把戏。

你在书页空白处涂写的

内容。

我们对那个乐队的看法

意见分歧最大。

你喜欢吃的非常奇怪的东西。

很普通，但让你觉得恶心的食物。

那个时候，你宽厚地假装忘记了时间的样子。

我们悄悄给你妈妈起的绰号。　　　你对友谊有什么看法?

你过分谦虚的四件事。　　　你对某件事表现出来的同情。

如果我们在一起一整天都不说一句话, 你会……

你骗我的时候。(我原谅你！)

如果你加入了某种势力，

你就会真的喜欢……

如果你加入马戏团，

你的表演会被称为……

你是哪种小甜饼？

你最令人讨厌的特点。

如果我给你画肖像，我会让你这样摆姿势。

因为你，我才养成了这个好习惯。

你的"坏"习惯（我永远不会试图改变它）。

你出门前总要做的一件事。

如果不是你建议，我永远也不会读的那本书。

你拉我去看的那部电影真的很精彩。

你在睡梦中说过的最有趣的话。

你在睡梦中说过的最神秘的话。

你从不自命不凡的事。　　　　　　　你得心应手的事。

你逗我哈哈大笑的方式。　　　　　　你教我做某件事的方式。

我第一次知道你爱我的时候，尽管你还没说出口。

我是怎么知道别人觉得
你很有魅力的?

我晚上躺在床上觉得冷的时候,
你的样子。

当我们一起做饭时, 你的样子。

你从桌子对面望着我的样子。

在你身边我第一次感到紧张的时候（这就是原因）。

我最喜欢的我们早期约会时的纪念品。

我保留它的原因。

在遇到你之前，我不知道自己对此妥协了。

你对此持零容忍态度。

我之所以放心告诉你我的感受，原因是……

你委婉地表示异议的种种方式。

我听你说过的最微妙的抨击。

为了让我开心,你忍受了我家人的哪些事?

如果我们去看歌剧,你会怎么穿着打扮?

在米其林星级餐厅用餐,你会点什么?

称赞你最珍视的物品。

回首往事，这是我希望自己能和你一起多做的事。

这是我希望我们少做的事。

当我撞到脚趾时,你怎么办?　　　　　那个时候,你发出的声音。

你的隐藏天赋。　　　　　　　　　　触摸我时,你感觉如何?

那一次，我表现得有点儿糟糕，可你却表现得很好。

你到场了，尽管我知道你并不是真的感兴趣。

我过去一直想改变你的地方（但现在我意识到这是你最佳的品质之一）。

你做的事，我希望我也能做。

你的灵兽。

你的灵兽和我的是天生一对儿的原因。

根据你告诉我的关于你童年的一切，我会将其描述为······

你的那张老照片，我喜欢而你不喜欢。

你做的三件事，让我想起了你长大成人的地方。

我偷了你的笑话,讲给别人听。

我第一次遇到麻烦时，你把它也当成了你的麻烦。

我们去徒步旅行的时候，你的表现。

我们去滑雪的时候，你的表现。

你最上瘾的电视节目,它泄露了你什么秘密?

你总是跟唱……

你有多痴迷……

我第一次觉得和你在一起很幸运。

我们喜欢一起做却没人知道的事。

你现实生活中的超级
英雄品质。

这就是我相信你的地方。

我们有多相似?

你是如何努力去做这件事的?

你留在家里的让我想起你的东西。

如果发生火灾，你最先要抓住的（除了我）会是……

我在你口袋里找到的东西。

你对某件事最佳的印象是怎样的?

你对某件事最糟糕的印象是怎样的?

你在车里唱歌的样子。

你吃寿司的样子。

你亲吻我时的样子。

上次发生了某事，我迫不及待地想告诉你。

如果我早三年半遇见你，我可能就已经……

你生气时做的、事后又不想承认的事。

你在想某事，但又不好意思说出来的时候，我是怎么知道的？

当你感到尴尬的时候，会是什么样子？

你常吃的食物是……

你常喝的饮料是……

你总是忘记已经告诉过我的那个故事。

你最爱的人（仅次于我）。

你最想念的人。

我第一次感到安全,因为你在我身边。

我做过的关于你的最奇怪的梦。

你旅行给我带回来的东西。

赞美你所注意到的事物。

如果你的衣服会说话, 它们会这么评价你:

如果我们一起被困在荒岛上，我们最好随身带着三样东西。

我们是怎么喜欢起那首歌的以及它对我们的意义。

如果爱情是种药,那你就是我的什么?

我一开始注意到的不是你的微笑,而是……

你拥有的最能说明你身份的五件物品。

你长大后想成为什么样的人?

_____

_____

_____

_____

_____

你长大后还想做什么?

_____

_____

_____

_____

_____

你带我去过的那些地方的历史。

你知道你有一句口头禅吗? 就是……

你让我欲罢不能的美食。

你喜欢用的五个傻乎乎的表情符号。

说起你的工作日，你最喜欢告诉我的三件事。

看体育比赛时，你会做的三件事。

我们待在车里时，你需要的三样东西。

你喜欢什么气味?

你无法忍受什么气味?

我是怎么发现你多愁善感的一面的？

那一次，你买了一瓶好酒庆祝。

那一次，你即兴演奏了一段音乐，原因是……

那一次，你为之布置了装饰。

如果一觉醒来，我们发现自己拥有了种种超能力，它们会是……

如果我们的恋情有座右铭，那会是……

我们作为情侣制订的第一个新年计划。

你是怎么把去杂货店这件事变成一次冒险的？

我是怎么知道你比我更浪漫的?

在《星球大战》的角色中，你最能让我想起的是谁？

_____

_____

_____

那一次，你的万圣节服装是……

_____

_____

_____

在简·奥斯汀笔下的角色中，你最能让我想起的是谁？

_____

_____

_____

你穿的那个让我疯狂——在好的方面。

你穿的那个让我疯狂——以让我抓狂的方式。

你最像的经典电影明星。

你最像的当红电影明星。

你相信你的朋友有第二次（和第三次）机会的原因。

你全神贯注时，会下意识地做什么？

你拒绝扔掉、卖掉或送人的那件东西，因为你总有一天会用到它。

我们相遇时，我觉得关于你的这两件事很傻（但现在我觉得很可爱）。

如果你真想吓唬我，你要做的就是……

_____

_____

_____

如果我说"我们去闯祸吧"，你会理解成什么？

_____

_____

_____

如果你不想让我吃某样东西，你会用什么把它盖起来？

_____

_____

_____

你对烹饪的痴迷（按时间倒序排列）。

要是我拿走这件东西，你真的会很生气。

我知道你这么做只是为了与同事和睦相处。

那件事你不需要征求许可，但你还是那么做了。

令你最尴尬的事。

你喜欢夸大的那个故事（以及你是如何改进它的）。

如果没有书签，你会用什么标记页码？

总是让我想起你的那件衣服。

你想要但可能永远得不到的、没什么用处的宠物。

我的朋友们为我们在一起而高兴的原因。

_____

_____

_____

我会用这三个词来形容你的面容。

_____

_____

_____

当收音机里播放你最喜欢的歌曲时, 你会作何反应?

_____

_____

_____

那一次，你用_____让我全家人都大吃一惊。

那一次,你让我拥有最后的……

那一次,你让我第一次尝到了……

关于某件事，我知道你是对的（但我就是不能承认）。

你做的两件事会让我说"你是个呆子"（以一种好的方式）。

你以为我没注意时做的三件事。

如果一只蝴蝶在加利福尼亚州扇一扇翅膀，就可能会在佛罗里达州引起一场飓风。由于我们的相聚，世界在这些方面发生了变化。

我生病时，你表达关心的五种方式。

你生病时需要的五样东西。

你喜欢消磨"私人专属时间"的三种方式。

你给我"私人专属时间"的三种方式。

当我为了_____而哭泣的时候，你给我递纸巾的方式。

你为了_____而哭泣的模样。

异想天开的¹、自恋的²、力大无比的³。如果你的名字也变成一个形容词，它的意思以及它在句子中的用法会是……

----

1 原文为 quixotic，源自西班牙作家塞万提斯·萨维德拉的小说主人公堂吉诃德（Don Quixote）的名字。
2 原文为 narcissistic，源自古希腊神话中的美少年那喀索斯（Narcissus）的名字。
3 原文为 herculean，源自古希腊神话中的大力神赫拉克勒斯（Heracles）的名字。

你说服我去尝试的三件事（我很高兴我试了）。

我那几件被你征用的衣服。

我喜欢你的地方，却讨厌在别人身上看到。

我们相遇时，我没猜到你会……

你给我的最意外的赞美。

我们第一次约会后，我对朋友们说的话。

只有我懂的你的三个表情。

你沮丧时的表情。

那个时候，你显露出内心童真的样子。

你从房间的另一头暗暗向我发出调情信号。

你在我面前做的那四件事，我知道你绝不会在别人面前做。

一个关于你、我，还有那个游泳池的故事。

玩你最喜欢的棋盘游戏时，你会做的三件事。

_____

_____

_____

_____

玩你最喜欢的电子游戏时，你会做的三件事。

_____

_____

_____

_____

便利店里你最喜欢的四种东西。

你最喜欢吃的三样零食。

在早上上班的路上，你经常做的两件事。

你带入我生活中的最好的那些书。

你一谈到钱就紧张，原因是……

你特别讨厌的声音。

每当看到那个，你是如何放慢速度的？

你用的那些有趣的谚语（我现在也全用上了）。

如果能回到过去，当你面对那件事的时候，我想在你身边。

你对我的那个朋友总是那么热情友好，而我知道你最不喜欢那个人。

那份礼物看起来很实用，但实际上真的很浪漫。

你用一种方式向我表明，你和我爱过的其他人都不一样。

你依然记得听到那个消息时你正身处何地。

有重要的事情要做时，你总是会穿戴上你的幸运服饰。

每天的这个时候，你总是会牵我的手。

我们第一次外出的周末，你行李箱里最令人惊讶的东西。

我们睡不着的时候，你和我的对话。

你告诉所有人你最喜欢那部电影，但我知道实际上是另一部。

我们都有这个坏习惯，但这太有趣了，依然值得一试。

你喜欢在网上搜索这些相关信息。

我知道你想问我这个问题（但还没问）。

你最讨人喜欢的谦虚自夸。

你绝对猜不到，但我真的很喜欢你做某件事的方式。

你可爱的童年记忆。

在高中的时候，你因何而出名？

在大学的时候，你因何而出名？

你进入了我的生活，我就买了更多的……

这么多年过去了，你还在伤心的事。

你没说"我早就告诉过你了"，而是说……

那些你费尽心思去做什么的
时刻。

你出现在我的梦中时，对我说
的话。

我们一起上课的时候，你……

那一次，我们偷偷溜进了……

对你笑声的音质最恰当的描述是……

如果有一座山以你的名字命名，它会是……

五件和你发色相同的物品。

某个时候，你咬住嘴唇的样子。

某个时候，你咬住我嘴唇的样子。

那一次，你和我一起去我的家乡，我们……

我们所谓"穿过房间"的那一刻。

当我们站在我小时候的卧室里时，你……

漫长的一天结束后，我筋疲力尽，你怎么样？

认识你之后我不再为_____后悔，为什么？

你怎样的时候，我知道是时候闭嘴了？

某个时候，你闭上眼睛的样子。

某个时候，你睁大眼睛的样子。

你试着表现性感的时候（以及没成功时你是如何弥补的）。

你试着表现性感的时候（并且成功了）。

你读一本书时停下的主要原因是……

_____

_____

_____

没有其他人真正欣赏我的这些……

_____

_____

_____

当你唱歌的时候,听起来就像……

_____

_____

_____

你早上做的第一件事。

你睡觉前做的最后一件事。

你在_____外面的时候，会注意的事情。

你在_____里面的时候，会注意的事情。

我记忆中你声音最响亮的那一次。

我记忆中你身上最臭的那一次。

如果没有遇到你，我将永远不会……

你在最知名的场所吻过我。

我看着你呼吸的感觉。

多年前你对我许下并且一直遵守的那个承诺。

你给我发过的最甜蜜的短信。

你和我在一起时弄得最脏的那一次（就像在泥地里）。

我们一起做过的最疯狂的事有哪些？

我们在一起最开心的时光有哪些？

那一次,你给我买了名牌_____,是因为……

那一次,你穿了名牌_____,是因为……

你喜欢用的那个小玩意儿快把我逼疯了。

你喜欢的摆放厕纸的方向。

你已经原谅我对名人的迷恋了，原因是……

你最喜欢的家乡的东西是……

我从没想过我会爱上一个这样的人。

你的老师认为你会成为那样的人。

你的手机上有什么照片？

你的书桌上有什么照片？

在家族中，你因为什么而出名？

_____

_____

_____

_____

在工作上，你因为什么而出名？

_____

_____

_____

_____

_____

当我们在镜子里看到我们在一起的样子时, 你……

我第一次听到你的大笑声响彻整个房间。

你遇到我妈妈的那天, 是怎么迷倒她的?

你宁愿做一个_____而非_____。

你宁愿去拜访_____而非_____。

在遇到你之前, 我从来不认识什么收藏家。

在冰激凌店, 我知道你可能会选择的口味。

在荒岛上, 你肯定会做的事情。

你最喜欢的省钱方式是……

你最喜欢的花钱方式是……

那些关于你的事物我都不想改变。

_____

_____

_____

随着我们年龄的增长，我会最爱你的什么?

_____

_____

_____

当你想让我感受浪漫的时候，播放的那首歌。

_____

_____

_____

我在你面前最难堪的一次。

那三次你都特别主动。

你用来打败我的最神奇的拼字游戏单词。

你经常购买的三种家庭必需品。

你总是忘记的三种家庭必需品。

你给我讲过的最好笑的笑话。

你给我讲过的最蠢的笑话。

如果你是一种植物，
那你会是……

如果你是一种颜色，
那你会是……

如果把我们的恋爱比作一项
运动，那就是……

如果你变成僵尸，
我会……

我们最近一次熬夜是在……

我们在床上待的时间最长的一次。

我们一起做过的花钱最多的事。

停电时我们做的事情。

你办过的最棒的派对。

我用这个老掉牙的爱称叫你，没有讽刺意味。

你让我成为更好的人的四个方法。

上次你无缘无故地触碰我是在……

你总是读错的那个词（我保证不再纠正你）。

你觉得我发音很好笑的那个词（但我发誓我是对的）。

你应对无聊汽车之旅的五种方法。

你所说的我们邂逅的故事，鸡尾酒会版本。

在那个故事里你遗漏的地方。

让你无法下定决心的三件事。

当你压力太大的时候，我是如何判断出来的？

那个时候，你清楚地知道我想要什么。

如果我们的恋情是一本悬疑小说, 书名会是……

如果我们的恋情是一个重金属乐队, 乐队的名字会是……

如果我要给你颁发"最佳伴侣奖"，我会这样介绍你：

你的获奖感言会是这样：

你是如何挽救我们最糟糕的相处时光的?

你是怎么让我们共度最美好时光的?

我们最精彩的露营故事。

我们最糟糕的露营故事。

如果你是一瓶美酒佳酿，尝起来就会像……

最像你的开胃菜是……

如果一定要贴汽车保险杠贴纸，那你会写上什么？

如果你统治了世界，每个人都会得到一份什么？

你的沉默无声胜有声，是在什么时候？

某个时候，你给我留的字条。

某个时候，你为我烹饪的那道美味佳肴。

你吃意大利面的方式。

在公路旅行中你总是……   涂鸦时, 你总是在画……

你在工作中喜欢做的五件事。   当你好运连连的时候是什么

                              样子?

凌晨两点，我们所说的话。

在外太空，我们会对彼此说的话。

你运用想象力的方式。

当你谈论什么的时候，表现得活力满满？

在经典的好莱坞爱情片里，我们角色的名字会是……

用某豪华餐厅菜单上的菜品名对你自己进行描述。

你发明的当身边有别人的时候说"我爱你"的书呆子方式。

你独创的黑客技术（攻破了我的防火墙）。

我该怎么向一个从未见过你的人形容你？

关于我们的第一个故事。

我还是不敢相信，那次我们居然侥幸逃脱了。

那一次，你请我家人吃饭，原因是……

那一次，你用＿＿＿＿＿＿＿修好了我的＿＿＿＿＿＿＿。

你最喜欢的鸡尾酒。

你最心仪的甜点。

如果我们从未相遇，我现在会在做什么？

_____

_____

_____

_____

_____

如果我们在二年级的时候相遇，我会梦想我们的未来是这样的：

_____

_____

_____

_____

_____

你带给我的不是花束，而是……

那一次，我和你见面迟到了，你的反应是：

当我去机场接你的时候，你的反应。

我是怎么知道你累了却不想表现出来的?

当你试着冷静下来时, 你的手会做什么?

如果你不得不和某人铐在一起（不是我），你会如何选择？

你不会介意和谁一起被困在雨中，原因是……

我们初遇时，我以为你真的喜欢那个，但后来我才知道你只是想给我留下深刻印象。

我们初遇时，你的全套装扮。

观看体育比赛时，你会做的三件事。

你在农贸市场最喜欢的东西是……

你最喜欢的容易得到的满足是……

你不仅对我好,而且很为我着想,具体表现为……

我是怎么知道就算我做了坏事,你还是会伴我同行的?

别人都不觉得好笑,你却觉得异常好笑的事。

那一次,你穿着舒服的短裤和我一起坐在沙发上,因为……

如果生活在恐龙时代，我们一起生活的日子……

_____

_____

_____

_____

在鲸鱼的胃里，我们将如何生活在一起？

_____

_____

_____

_____

_____

你是怎么把我从无法独自摆脱的困境中解救出来的？

你最喜欢引用的一句话。　　　　　　　　你的饰品。

与你眸色相同的八件物品。　　　　　　　你最讨厌的事。

你睡觉时的样子。

你和我家人共度感恩节却没冒犯任何人的方法, 尽管……

当我剪了那个难看的发型时，你说的话。

你为我改掉的那个习惯。

那一次，你临时准备了一份礼物。

我们在一起的第一个月里，你为了给我留下深刻印象而做的两件事（其实没必要，因为我已经为你着迷了）。

那一次,你赌我不敢去……

你让我兴奋的方式。　　　　　　　你最经典的一招。

你做那些的时候，我融化的
模样。

我们在一起就像……

你给予我的最美好的生活和时光。

你告诉我的那个梦，在梦里我们……

你让我想起了我的最爱。

你有多愿意花时间陪我的……

你从＿＿＿＿＿中振作起
来的速度有多快？

我们就像一个生态系统，
原因是……

我设计了一件关于我们的T恤，只属于我们俩。下面是相关描述：

写一个独幕剧，讲述你做过的最善良的事。

写一篇散文诗，详细描述我们共同创造的习惯。

如果让我写信免除你的陪审义务，我会写些什么？

关于我们俩的年度总结报告。

图书在版编目（CIP）数据

642 件可写的事：关于你的一切 / 美国旧金山写作
社著；吴天骄译. -- 成都：四川文艺出版社，2024.3（2024.8 重印）
　ISBN 978-7-5411-6820-8

　Ⅰ. ① 6… Ⅱ. ①美… ②吴… Ⅲ. ①写作学 Ⅳ.
① H05

中国国家版本馆 CIP 数据核字 (2023) 第 231524 号

本书简体中文版版权归属于银杏树下（上海）图书有限责任公司。
版权登记号：图进字 21-2023-278

642 JIAN KE XIE DE SHI：GUANYU NI DE YIQIE

642 件可写的事：关于你的一切

美国旧金山写作社 著

吴天骄 译

出 品 人	冯 静	选题策划	后浪出版公司
出版统筹	吴兴元	编辑统筹	王 頔
责任编辑	王梓画	特约编辑	张莹莹
责任校对	段 敏	装帧制造	墨白空间·杨阳
营销推广	ONEBOOK		

出版发行　四川文艺出版社（成都市锦江区三色路 238 号）
网　　址　www.scwys.com
电　　话　028-86361781（编辑部）

印　　刷	北京盛通印刷股份有限公司			
成品尺寸	105mm × 135mm	开　本	64 开	
印　　张	4.75	字　数	95 千字	
版　　次	2024 年 3 月第一版	印　次	2024 年 8 月第四次印刷	
书　　号	ISBN 978-7-5411-6820-8	定　价	45.00 元	

后浪出版咨询（北京）有限责任公司　版权所有，侵权必究

投诉信箱：editor@hinabook.com　fawu@hinabook.com
未经许可，不得以任何方式复制或抄袭本书部分或全部内容
本书若有印、装质量问题，请与本公司联系调换，电话 010-64072833